기계라도 따뜻하게

표성배 시집

문학의전당 시인선
153

기계라도
따뜻하게

표성배 시집

문학의전당

시인의 말

'사이'에 대해 쓰고 싶었다. 세상은 혼자 살아갈 수 없다는 평범하지만 무거운 명제 앞에 오늘도 서 있기 때문이다. 나는 몽상가가 아니다. 눈만 뜨면 간절하게 다가서는 것들 앞에서 한 순간도 자유로울 수가 없다. 그래서 이런 간절한 눈빛들을 외면하지 않기 위해 날마다 신문의 행간을 살피고, 뉴스 진행자의 목소리 너머에 더 귀를 기울이지만, 아직은 마음이 내 밥그릇에 먼저 가 있다. 내 사는 게 이렇듯 늘 어중간하다. 그렇다보니 모든 나와의 사이가 어중간하다. 이 시집이 그렇다.

2013년 봄

표성배

차례

제2부

제3부

제4부

제1부

봄날이었다

비 오다 말다 하는 봄날이었다 비 오다 말다 하는 통에 꽃들도 필까 말까 망설이는 봄날이었다 비 오다 말다 꽃들도 필까 말까 망설이는 통에 겨울 작업복을 벗어버리지 못하는 봄날이었다 비 오다 말다 꽃들이 필까 말까 겨울 작업복을 벗을까 말까 망설이는 사이 봄이 성큼성큼 달아나고 있었다

봄비

버짐나무 잎처럼 손을 펴고
한참 몸을 맡겨도 좋겠다

잿빛 하늘 너머 어디쯤 있을
반짝 빛나는 비늘 같은 시간을 기다리며
축 늘어진 빨래처럼 무거운 몸을
살짝 추슬러도 되겠다

날아간 일당쯤이야
젖는 몸뚱이쯤이야
깡그리 잊고 서 있다 보면
발바닥 어디쯤에서부터 뿌리가 내려
버짐나무 몸뚱이처럼 내 몸도
여기저기 얼룩이 지겠다

현실은 언제나
이끼 낀 벽처럼 축축했지만
잠시 잠깐이라도 좋으니

이대로 서 있다 보면

어느새 젖은 몸 여기저기
연둣빛 새순이 솟고
펼친 손바닥 가득
하늘이 파랗게 내려와 앉겠다

어쩌지 못한다

종일 웅크린 채 비를 맞고 있다
비 맞는 기계
봄비에 움트는 새순의 뿌리처럼
기다리던 비가 내려도
꿈쩍하지 않는 기계
점점 체력이 다해
체온이 식어가는 몸은
봄비도 어쩌지 못하는가
깨어나라 깨어나라 아득한
가슴을 울리는 소리
일으켜 세울 수 없는 꺾어진 무릎
천 근 같은 눈꺼풀
계속 비는 내리고
비가 내려도 땅속으로
스며들지 못하는 빗물
완강하게 저항하는
시멘트 바닥 같은 견고한 시간
지난 시간 앞에서는

이 봄비도 어쩌지 못하는가

온몸을 파고드는 빗물

뼈 마디마디가 툭툭 불거져 나온

아버지처럼 쪼그리고 앉아

비 맞는 기계

여기저기 벌겋게 녹슬 것 같은

내 몸

노란손수건

야외작업장 언덕배기
깃대처럼 우뚝 선 나무 한 그루
그 나무 아래
나는 자주 오랫동안 서 있었다

내가 나무 아래 서 있는 동안에도
나무는 겨울 뒤에 올 봄을 기다리며
노란손수건을 매다느라 바빴다

기계들의 아우성에도
허리를 꺾을 듯 세찬 바람이 불 때도
나무 아래 서 있기만 하면
내일이 있었다

어둠이 나무의 시야를 가릴 때도
기계소리가 멈추고
그 고요가 하늘의 무게만큼 무거울 때도
나무는 늘 제자리를 지켰다

노란손수건을 매달았던
간절한 이야기는 전설이 되었지만
오늘도 나무는 누군가를 기다리며
또, 노란손수건을 매달고 있다

좋은데이

연마기계를 마술처럼 다루기로 소문난 규석 형은 얼마나 손이 재바르고 눈썰미가 마이크로미터 같은지 한때는 거래처에서 술상을 차려놓고 전화를 했다는데 사실 그때보다 좋은 날이 있었을까 싶다며 두 아이 대학등록금을 걱정하며 무학소주에서 나온 16.9%의 저도주인 좋은데이를 홀짝일 때는 그 손이 여린 여인의 손 같아 도둑놈같이 시커먼 내 손으로 덥석 잡아주고 싶을 때가 많다

겨울 숲을 깨우는 비

비는 겨울 숲을 깨운다

잠자던 것들의 이마에 손을 얹어 길을 묻는 시간, 나는 어둠을 열고 손을 내밀어 비의 방향을 가늠해본다

공단 길 벚나무 가지마다 겨우내 쌓였던 기계소리가 꽃눈처럼 피겠다 덩달아 내 손에도 빗물을 머금은 벚나무 실뿌리 하나 단단히 내려 파란 잎을 틔웠으면 좋겠다

비 내린다

비는 겨울 숲을 깨운다 무거운 철문 위에도 펄럭이던 깃발 위에도 농성천막 위에도……

기계라도 따뜻하게

누구라도 좋으니
내 말 좀 들어주었으면 하던 때가 있었다
차갑게 침묵하는 기계만이
유일한 친구였던 때가 있었다

하루해가 까맣게 타들어가는 시간에도
바람이 가슴을 들쑤시는 시간에도
긴 터널 속 같은 독백의 시간 앞에서도
내가 말을 건넬 수 있는 것은
오직 기계뿐이었다

빌딩 속 사무실은
두꺼운 유리로 막혀 있고
검은 자동차들은 너무 빨랐다
신문은 너무 무거워 피곤하기만 했고
도시의 하수구는 너무 느려 음침했다
어느 시대에나 아이들은 너무 앞서갔고
내일은 누구에게나 공평하게

꿈이 되지 못했다

사실, 내가 다가갈 수 있는 것은
기계뿐이지만
때론 시퍼렇고 때론 냉혈(冷穴) 속 같은
기계뿐이지만
기계라도 따뜻하게
내 말에 귀를 좀 기울여 주었으면
참 좋겠다

춘분

공장 울, 개나리 줄기 줄기마다

퍼엉하고 꽃눈 터지겠다

비로소 한 해 농사를 시작하는 날

공장도 아자! 아자!

배에 힘을 줘본다

이제 곧, 제비 떼가 우우! 비를 몰고 오리라

빗소리가 어둠을 몰아내는 아침이면

겨울을 견디느라 지친 기계소리도

좀 더 경쾌해지리라

사이

공습경보처럼 다급하게 훑고 지나간 소나기 한 줄기에 벌겋게 달아오른 여름 오후가 생기를 되찾는다 철판을 옮기느라 땀범벅인 지게차도 혀를 내민 개처럼 헥헥 체온을 조절하고 있다 앞만 보고 달리던 매미들도 나뭇가지 밑에 몸을 숨기고 잠시 숨을 고르고 있다

언제나 깨달음은 소나기처럼 왔다 가는 것인지 모른다 부고처럼 날아와 가슴을 덜컥 내려앉게 만든 다음에야 좀 더 성숙해지는 것처럼 이런 날은 누구나 정해진 삶의 시간 앞에 마음이 숙연해지리라

소나기 한 줄기 지나간 하늘이 막 포장지가 벗겨진 날선 기계처럼 시퍼렇다 한 생을 어떻게 마감할 것인지 마음을 정한 것일까 매미들이 일제히 침묵시위를 한다

일요일 한낮

어디로 들어왔을까
햇살 한 줄기가
기계의 안색을 이리저리 살피고 있다

기계 앞에는 잠시 바람도 없이
일렁이는 그늘이 깊다

기계에게도
어두운 침묵 대신
따뜻한 심장이 있다는 듯
발바닥에서 다리로 가슴으로
혈관 속 피가 움직이듯
햇살의 손길은 능숙하다

베트남에서 돈 벌러 온
뚜안이와 한 조가 되어 기계를 지키는
하느님도 쉬고 있는
일요일 한낮

저 햇살 한 줄기가
고향 마을 앞을 흐르는 강물이며
반짝이다 사라지는 별 같은
어머니의 간곡한 당부도 잠시 잊고
기계를 다루느라 애쓰는
뚜안이의 손도
따뜻이 잡아주었으면 좋겠다

기계의 숲

아늑하기도 하지만
정작 꽃 한 송이 피우지 못하지만
그래도 기계는 숲이다

그 아늑한, 침묵 속을
한 젊은이가 걸어가고 있다

멈출 수 없는 시간 앞에
숲은 늘 깊이를 알 수 없다

숲 속에 오래 서 있다 보면
시간이 모든 것에 답해준다는 말은
틀린 말인 줄 안다

꽃 한 송이 피우지 못하는
기계 앞에
꽃 한 송이 놓여 있다

오늘만은
기계가 숲을 헤치고 들어온
햇살처럼 밝다

그것도 잠시
기계 앞에 놓인 한 송이 꽃을
누군가 쓰레기통에 버리고 있다

두 시 사십오 분

바쁜,

바쁜 기계 옆구리를 쿡 찔러 보았다

내 옆구리가 아팠다

천장 등은 눈만 빤히 뜨고 내려다보고 있다

쇳덩이를 짊어진 지게차가 씩씩거리며 지나갔다

나는 짐짓 모르는 척

다시 한 번 기계 옆구리를

쿡, 찔러 보았다

내 옆구리가 아팠다

여전히 천장 등은 눈을 빤히 뜨고 있고

지게차는 또 씩씩거리며 지나가고

이명(耳鳴)

잉잉잉잉잉잉잉잉잉잉잉잉잉잉잉잉잉잉잉잉잉잉잉잉
잉잉잉잉잉잉잉잉잉잉잉잉잉잉잉잉잉잉잉잉잉…… 반쯤
죽이면 집에까지 따라온다는 뱀처럼 꿈속에서도 잉잉거
린다

징그럽다
징그럽다 하면서도 기계에 붙어 산 이십 년, 가끔은 시
끄러운 공장이 아니라 텅 빈 방안에 불러내어 손이라도
잡고 나란히 누워 있고 싶은 때도 있다

대장정

밥을 먹기 위해 색색의 작업복을 입고 일렬로 늘어서서 한 걸음 한 걸음 배식구를 향해 나아가는 노동자들의 모습이 책에서 읽은 모택동의 군사들처럼 장엄하다 어떤 목표가 있다는 것은 느려도 느린 것이 아니다 그러고 보니 나도 배가 고프다 저 대장정의 대열에 기꺼이 합류해야겠다

에밀레종

내 하루는 길다
용접봉은 더 길다
녹여도 녹여도 용접봉은 짧아지지 않는다
용접봉이 짧아지지 않는 대신
내 목이 점점 짧아지고 있다
목을 꺾고 재치고 용접을 하다보면
때때로 환청처럼 에밀레종 소리가 들린다
그럴 때마다 장인정신(匠人精神)을 떠올려본다
내 몸을 용접봉과 함께 녹이고 싶다
이런 날은 아내나 아이들 생각이 더 절실하다
김씨가 몸을 녹여 만든 제품에서
에밀레 에밀레 하는 종소리를 들은 것도 같다
침침한 장례예식장 환풍구에서 흘러나오는
곡소리는 아니었다
명품이 되지 못한 종소리는 금방 사라지고 말았지만
내 귓가에는 아직도 쟁쟁하다
용접은 이어붙이는 것인데
무엇 하나 단단하게 붙인 적 없다

아니 처음부터 이어붙일 수 없었는지 모른다
장인정신이 부족하다고 스스로 탓해본다
평생 용접을 해도 살림살이 하나 붙이지 못하고
아이들의 미래마저 반짝 이어붙일 수 없다고 느꼈을 때
김씨는 에밀레종 소리를 들었는지 모른다
불후의 명작을 남기지는 못해도
밥은 굶지 말아야 하는데
또 구급차가 공장 정문을 빠져나가고
이어 종소리가 들린다
에밀레
에밀레……

제2부

그늘

기계의 그늘은 깊고 깊어서, 하늘을 품고도 그 깊이를 알 수 없는 우물 속과도 같아서, 이른 새벽 출근하는 아들의 뒷모습이 두레박으로 물을 긷는 심정과도 같아서, '오늘도 무사히!' 기도하시는 어머니

출가

나는 날마다
출가(出家)를 한다
정문을 통과하는 순간이
일주문에 들어서는 순간이다
몸을 깨끗이 하고
정갈한 마음으로 두 손을 모은다
머리카락을 자르지 않아도
몸에 쟁여 있는
옷이며 신발이며
죄다 허물 벗듯
작업복으로 갈아입고
안전화와 안전모에 장갑을 챙기면
산문(山門) 안에 앉아
어떤 화두를 짊어진 것처럼
열열 정진하는 내가 보인다
눈앞에 어른거리는 불평등과
내 가난한 몰골을
유심히 바라보다

내가 만든 길을 따라 걷는
아이의 미래까지 걸어가다 보면
죽비(竹篦) 소리에 깜짝 놀라듯
용접 불똥에 살이 타들어가고
그때서야 정신이 들곤 한다
잠시 잠깐이라도
번뇌(煩惱)에 휩싸이면
산문 밖을
서성일 수밖에 없다

소나기

출렁했다

하늘이 한 아름 내려왔다

파란 하늘이었다

하늘을 등짐처럼 지고 작업하던 노동자들 등이

먼저 파랗게 물들었다

따라 화단이 파랬다

등나무 줄기가 한 발이나 더 자랐다

그해 마지막 열정이었다

여우비

가을비라고 했다 여우비처럼 짧은

십 년 전 그가 생각났다

야외작업장을 적신 비가 빠르게 마르고 있다

깡마른 얼굴,

다부진 어깨 이글거리던 눈동자

빨간 머리띠, 그리고……,

더는 생각나지 않는

가을비는 해질녘 겨울바람처럼 스산했다

여우비처럼 짧은 순간이었다

갈대

너도 한 시절 바람에 맞서다가

흔들고 지나는 바람과 눈 맞추다가

가끔 아주 가끔 지난 동지들 이름이나 외다가

혹 가슴이 뜨거워지면 주먹을 쥐어보기도 하다가

부끄럽다 부끄럽다

잊을 만하면 찾아오는 새떼들에게

푸념처럼 늘어놓다가

풍경소리 같은 아득한 망치소리에

마음을 신기도 하던,

공장 야적장 언덕배기 갈대가 쓰러졌다

쓰러진 자리 에미를 죽이고 에미를 죽이고

태어난 살모사 새끼들처럼

이 봄 연둣빛 새순이 초롱초롱하다

기계로부터

애처롭기 짝이 없다만
당신이 대견스럽다
일할 수 있다는 것만으로도 감사하는
당신은 긍정의 노동자

답답함이야 오죽할까마는
당신에게서 인내심을 배운다
벌과 나비 하나 찾아들지 않지만
밤낮으로 내 곁에서 코피를 쏟는
당신은 진짜 노동자

꽉꽉 닫힌 창문 너머
햇살도 고개만 내밀었다 갈 뿐
나날이 노동에 지쳐 떨고 지내는
당신을 생각한다

사실, 누구에게나
하루하루는 가파른 고갯길의 시간이지만

당신의 길은 시시포스의 길
한 번 뿌리내린 곳에서
쉽게 벗어날 수 없으니
삶이란 늘 안타까운 것인지 모른다

오늘은 잠시 짬을 내어
화단 귀퉁이에
꽃씨라도 뿌려 보시게나
혹 아는가
나도 덩달아 꿈꿀 수 있을지

하룻밤 사이

어제까지
보무(步武)도 당당하던 기계가
출근해보니
흔적 없이 사라졌다

내 눈을 의심했지만
빛나던 견장(肩章)들은 보이지 않았다

한 사람이
서너 대의 기계를 돌리느라
동료들과 서먹한 관계가 되어도
술 한 잔 나눌 엄두도 못 내었는데
믿어지지 않았다

사실, 베트남으로 기계를 빼돌리고
중국으로 물량을 빼간다는 소문은 무성했지만
기계로부터 찍힐까 봐
누구 한 사람 쉽게 나서지 않았다

앵앵거리며
우리를 몰아붙이던 기계가 사라진
텅 빈 공장에서
텅 빈 마음이 되고서야
우린 기계를 버릴 수 있었다

이 모든 것이
하룻밤 사이에 일어난 일이었다

미안합니다

부러,
바람을 청해 흔들지 않아도
떨어질 꽃은 떨어지기 마련이라는
이 평범한 사실을
마흔이 넘어서야 알았습니다
강물이라고 해서
다 바다로 가는 것이 아니라는 것도
최근에야 알았습니다

미안합니다

목소리만 높였던 나는
먼저 핀 꽃이었습니다
바다에 닿지 못한 강물이었습니다
갓 입사한 젊은 노동자에게
기계를 물려주며
처음 기계 앞에 섰을 때 압도당한
그때를 떠올려봅니다

참 미안합니다

이런 마음으로 나란히 서 있으니
기계는 평소보다
좀 더 정겨워 보이고
내 가슴도 처음처럼 뛈박질합니다

철공소

첫 발을 들였을 때

그,

어리둥절
먹먹
한꺼번에 밀려오던
적막

그
두려움 앞에
떡하니
산처럼 버티고 계시던

아 버 지

저녁노을 앞에서

체인이 벗겨진 채로 주차장 모퉁이에 웅크리고 있는 자전거 한 대 은빛 바퀴살을 빛내며 달려온 길을 너는 결코 잊지 못하리라

1000일

어제와 변함없이
작업복 입은 채로 퇴근한다

작업복에 묻어온 쇳가루와 기계소리를
현관 문틀과 욕실 바닥에 툭툭 털어놓고
리모컨을 꾹, 눌러 티브이를 켜자
불쑥 마이크가 튀어 나왔다

1000일?
1000일이라니요!
1000일……,
이게 말이 됩니까?

나는 갑자기 눈앞이 흐려지고
귀가 멍멍해졌다
1000일이 넘도록 길거리를 헤매며
작업장으로 돌아가고자
스스로 목숨을 깃대에 매단

기륭전자 여성노동자들이
티브이 화면을 꽉 메우고 있었다

핏기 없는 깡마른 얼굴들이
느릿하게 지나가고
목소리가 거세된 입들이
티브이 속에서 뛰어나와서는
아무렇게나 벗어놓은 내 작업복 속으로
쓰윽 들어가는 것이 아닌가

순간이었다
나는 마이크를 빼앗아 잡고는
창문이라는 창문은 꼬옥 꼭 닫은 채
고래고래 고함을 질렀다

1000일?
1000일!
1000일이라니……,

문자메시지

이른 아침 열린 창문으로
아카시 꽃향기 훅 밀려와
내 가슴을 뒤흔들고 있다

팔용산 너머 공단에는
밤일에 지친 이들
비릿한 개펄 내음 물씬거리는
아침을 맞고 있을 시간

작년 이맘때던가
출근길 아카시 꽃향기가 너무 짙어
잠시 차를 세우고
또박또박
문자를 찍어 보냈던 기억

'꽃핀 걸 보니 사랑할 시간이 그리 많지 않다'고
다시 문자를 보내고 싶지만
그렇게 하지 못했다

그때,
그, 동료들은 여전히
평안한 아침을 맞고 있을까

가슴에 문신처럼 새겨진
계약 기간이 끝났다는 문자메시지를
손끝으로 더듬어본다

숱한 차바퀴에 짓뭉개진
아카시 꽃향기가
봉암 해안로 곳곳
또박또박 문자처럼 찍힌다

바라보기

기계라는 기계는 모조리 물구나무를 섰다

누가누가 오래오래 버티나 내기라도 하는 모양이다

물구나무선 채로 제품을 깎고 굽히고 자르고 갈고 구멍을 내고 용접을 하느라 자신이 물구나무를 서 있는지조차 모르고 있다

제 살을 깎고 제 살에 구멍을 내고 제 살을 자르고 제 살을 다시 용접해서 만들어진 것이 밥이라는 것을 알고 있을까

반짝반짝 반짝이 옷 대신 온몸에 기름칠을 하고 두 팔을 벌려 팔 길이보다 긴 하루를 안고서는 안절부절 몸을 긴장하면서도 굽히고 찍고 달구고 있다는 것을 알고 있을까

어느 한곳이 멈추기만 하면 어느 한곳이 허물어진다는 것을 알고 있을까

그러나 단 한 번 잠시 잠깐이라도 멈춘 적 없으니 허물어진 경험에 대해 이야기할 수 없다는 것을 알고 있을까

한결같이 벼랑에 서 있듯 물구나무를 서는 것은 피가 거꾸로 흘러도 멈출 수 없다는 것을 알고 있기 때문이라는 것을 내가 알고부터는 기계보다 먼저 내가 물구나무를 서는 날이 더 많다는 것을 기계들은 알고 있을까

낙화

기린의 목을 타고 오른다
밤낮 가리지 않고 오른다

하늘을 향해 뻗은
고속도로 같은 기린의 목
기를 쓰고 오른다
앞다투어 오른다
오를 수 있는 곳까지 오른다

오르다 오르다
더 이상 오르지 못할 때
떨어지는 것이 아름다움은 아니듯
낙화(落花)는 단순히
꽃이 떨어지는 것을 두고 하는 말이 아니다
떨어지는 그 순간
안타까운 마음이 낙화다

언제부터 민들레꽃이

상징이 되었는지 모르지만
기린의 목도
처음부터 길었던 것이 아니다
목을 타고 하늘로 오르는 동안
점점 길어졌으리라
한 번도 하늘에 다다른 이가 없다는 것이
증명하고 있다

갈수록 기린의 목은 길어지고
또 그만큼 꽃은 떨어지리라

유효기간

서명하는 순간
내 노동의 값이 매겨지는 것처럼 서명하기 전에는 알아도 모르는 것이 더 많다

계약기간이 남은 동안에는 잠시나마 믿음을 주지만 불안한 마음은 떨칠 수 없다

때때로 나비가 날듯 가볍게 생각하고 싶지만 오히려 더 무거운 것은 날자마자 날개를 접어야 하는 순간을 이미 알고 있는 까닭인지 모른다

더 이상 날개를 움직일 이유가 사라진 나비는 긴 겨울을 견뎌온 애벌레처럼 봄 햇살이 자신을 깨워주기만을 기다릴 뿐 스스로 움직이지 못한다

유효기간이 처음부터 정해져 있는 것처럼 누군가로부터 정해진 내 노동의 가치는 나도 어쩔 수가 없다

내 몸이 견디는 일에 더 익숙한 것은 내 유효기간이 언제인지 나도 모르기 때문이다

제3부

천 개의 마음

탱자가시 같은
내 손
배롱나무 피부 같은
기계의 몸
내 손으로 기계를 어루만진다
오싹 오그라드는
놀라는 기계
배롱나무 피부 같은
내 손
탱자가시 같은
기계의 피부
내 손으로 기계를 쓰다듬는다
오싹 오그라드는
놀라는 내 마음
기계의 마음
알 수 없는 마음

뜬금없이

한창 일하다 보면
나는 이 일 때문에 태어났다는 생각을
뜬금없이 할 때가 있다

이럴 때마다
처음 일 배울 때
밥 먹는 일에 무슨 이유가 있냐던
공장장 박씨 아재가 했던 말이
뒤통수를 탁 때리고 간다

그러면 그런 생각 언제 했냐는 듯
곧바로 일에만 집중을 하는데
이렇게 한창 몰입하다가도
또 몸이 근질거리기라도 하면
이 일이 나에게 딱 맞는다는 생각을
뜬금없이 하곤 한다

정말 이 일이

내 몸에 썩 어울리는 옷처럼
내 걸음걸이를 가볍게 하고
어깨를 한 풀 치켜세워주기라도 하는 것인지
사실 그런 것에는 별 관심이 없다

어쩌다 바람처럼
아버지 어머니 찾아뵙기도 하고
기분 좋은 일 생기면
통닭 한 마리 앞에 놓고
인생은 이런 거라고
아들에게 폼 잡고
딸 앞에 좀 자상해지기도 하는

막장

막장과 막잔은
ㅇ과 ㄴ 차이이다
일말의 여유가 있는가
없는가 차이이다
닫혀 있는가
아직 열려 있는가 차이이다
열릴 기미가 보이는가
아니면 닫힐 가능성이 높은가 차이이다
생에 한 번 누구에게나 막장은 온다
당신과 내가 마주앉아 막잔을 들듯
막장과 막잔은 닮았지만
다르다
좀 더 앞서갔든가
조금 뒤따라 가든가의 차이는
별반 차이가 아닐지 모른다
굳이 따지자면
막장과 막잔은
만나지 않을수록 좋다

그런데 어쩌랴

아직은 막잔 앞에 두고

나락(那落)의 끝이 보이지 않는다

장미꽃이 붉게 핀 공장 정문

'해고는 살인이다'라고

몸에 문신처럼 새겨진

현수막이

헉!

헉!

가쁜 숨을 내쉬고 있다

컨베이어

아무 생각이 없다는 것은

가슴속이 비어 있다는 것이다
머릿속이 꽉 차 있다는 것이다
생각의 꼬리를 과감히 잘라버리지 못한
도마뱀의 하루와 같다는 것이다
긴 그림자를 질질 끌고 다닌다는 것이다
탑처럼 쌓아 올린 돌덩이의 무게에
스스로 짓눌려 있다는 것이다

아무 생각이 없다는 것은

생각이 너무 많다는 것이다
생각이 너무 많아
더 이상 생각할 수 없다는 것이다
생각할 필요가 없다는 것이다

하지(夏至)

그라인더 그라인더 그라인더 입속에 오물오물 오물 그려보면

더운 김이 솟고 팽팽한 근육들 울퉁불퉁 솟아 입속 입천장 혓바닥을 누르는 그라인더 그라인더 그라인더……,

소리

울컥, 눈물 한 바가지 쏟을 것 같은

---

* 그라인더는 쇠를 갈아내는 공구, 연삭기이다.

일렬세계

전봇대가 일렬로 서 있다

그 사이 가로수들이 일렬로 서 있다

일렬로 서서 타고 내리는 버스정류장 뒤 아파트들이 일렬로 서 있다

쌩쌩 달리던 차들이 횡단보도 앞에 일제히 멈추자 아이들이 횡단보도를 건너 초등학교 건물 안으로 사라진다

그 뒤엔 중학교가 고등학교가 대학교가 공장이 일렬로 서서 공룡처럼 입을 벌리고 있다

양계장 닭들이 한 방향으로 머리를 내밀어 모이를 쪼듯, 공장에는 노동자들이 일렬로 서서 나사를 조이고 납땜을 하고 배식구 앞에 일렬로 서서 라인 위 제품이 조립되듯 식판에 밥과 반찬을 조립하고 있다

집과 공단이 집과 학교가 오늘과 내일이 라인처럼 돌아가고 있다

정년퇴직을 앞둔 박형이 정년퇴직 후 일용공으로 일하는 정형 뒤에 신작로 가로수처럼 쭈빗쭈빗 줄을 맞춰 서고 있다

얼굴

일하다 말고 잠시 얼굴을 본다(가끔 하늘을 쳐다보면 하늘을 만져보고 싶듯 얼굴을 바라보면 얼굴을 만져보고 싶을 때가 있다 그런데)

얼굴이 없다(얼굴이 없다는 것을 어떻게 받아들여야 할지 하루에도 몇 번씩 나는 당황스럽다)

보안경과 마스크와 안전모를 눌러쓴 반듯반듯한 얼굴 얼굴들 아무리 기억하려 해도 기억나지 않는다 용접면을 내려쓰고 산소호스처럼 에어호스를 작업복에 연결하면 틀림없는 우주인이다 이름표는 희미하고 안전마크가 표적처럼 빛나는 누가 김형이고 박형이고 이씨인지 전혀 알 수 없다(사실 공장 안에서는 누구나 얼굴이 있어도 얼굴이 없다)

공장은 우주선이 틀림없다 우주인처럼 온몸을 빈틈없이 가리는 것하며 조금만 높은 곳에 올라가도 몸이 떠다니는 것을 잡아주느라 안전로프로 몸을 고정시켜놓는 것하며 로프가 풀어지기라도 하면 어김없이 우주미아가 되

는 것하며(그래 우주선을 타는 순간이 너무나 불행한 일인지 모른다)

들뜬 가슴으로 비행을 시작하지만 끝은 언제나 초라하기 그지없다 그래도 비행을 멈출 수 없는 것은 이 우주선을 벗어나면 블랙홀 같은 어둠뿐이라는 것을 너무나 잘 알고 있기 때문이다(그래도 묻고 싶다 얼굴 없는 너는 누구인가 나는 누구인가)

이런 물음은 또 얼마나 초라한 물음인가?

바이트

예리하다
날카롭다
시퍼렇다
겁난다 이런 이름을
온몸에 지니고 태어났지만
더 날카롭고
더 반짝이기를 원했습니다
벼르고 벼르지 않으면
온몸 구석구석
촉수를 곤두세우지 않으면
하루도 쉽게 건널 수가 없었습니다
천천히 걷고
천천히 생각하고
천천히 숨쉬며
천천히 그대에게 가고 싶은 마음은
정작 마음일 뿐
벼르고 별러도
더는 날카로워지지도

반짝이지도 않을 때
내 이름은 무거운 짐이 되었습니다
닳고 닳아 깨어져
쓸모없는 몸뚱이로 나뒹굴 때에야
겨우 느끼게 되는가 봅니다
혹,
당신에게도
그런 때가 있었는지요

---

* 바이트는 금속을 자르거나 깎을 때 선반 따위의 공작기계에 붙여 쓰는 날이 달린 공구.

졸릴 때는 졸아야 한다

졸릴 때는 졸아야 한다
(그게 주어진 졸림에 대한 예의다)
사실 사십이 지나도록
예의에 대해 모르고 살았다
망치에 대한 예의
프레스에 대한 예의
그라인더에 대한 돌에 대한 나무에 대한
물에 대한 바위에 대한 흙에 대한
공기에 대한 어머니에 대한
당신에 대한 심지어 내 자신에 대한……
내가 예의에 대해 생각하게 된 것은
순전히 우연이다
우연처럼 희망적인 것이 없다
가만히 생각해도 생각나지 않는 일들이
우연처럼 다가왔을 때
그 기쁨이란,
용수철처럼 튀어 오르기 위해
우연히 눌려져 온 시간

시간의 겹
시간의 무게
그 무게를 어느 날 훌훌 벗어버리듯
그렇게 나는 예의에 대해 생각하게 되었다
예의를 예의답게 하는 것은
창문을 열지 않는 것이다
졸릴 때는 졸아야 하는 것이다

관절

삐걱거리는 것이 어찌
관절 탓이랴

알아들을 수 없는 말과
알아볼 수 없는 몸짓에도
기계는 차별 없이
잘만 돌아간다

(사랑한다사랑한다)

관절 부딪히는 소리쯤으로
들릴지 모르지만
베트남 우즈베키스탄 필리핀 몽골이라는
낯설지 않는 국적과
낯선 이름표를 단
당신과 나
언제 이웃사촌처럼 모였나

(사랑한다삐걱

사랑한다삐걱삐걱)

아직 우리 사이는

관절과 관절 사이만큼

가깝고도 멀지만

바다를 건너 사막을 넘어

기계는 잘만 돌아간다

노선

망치를 쥔 오른손이
왼손을 내리칠 때
용접봉의 불꽃이 두 눈을 찌를 때
오른발이 스위치를 누르자
왼손이 싹둑 잘려 나갈 때
안전화 위에 떨어지는 수많은 파편들
전투모처럼 안전모를 쓰고
전투복처럼 작업복을 입고
무자비한 기계에 맞서는 당신은 비폭력주의자
무저항이 노선인 당신은
출근하면 지긋이 눈길부터 건넨다
오늘도 잘 지내보자며
손잡이부터 쓰다듬는다
어디 고장 난 곳이라도 있으면
아이를 병원에 데려가듯
마음이 먼저 바쁘다
하루 일이 끝나면
고단한 어깨를 다독이듯

구석구석 청소부터 한다
내일 보자며 친구와 헤어지듯
다정히 말을 건네는 당신
손가락이 잘리고
손목이 날아가도 고막이 터져도
정작 저항 한 번 해보지 못한 당신
당신은 비폭력주의자
먼저 무릎을 꿇는 것은 당신이지만
그것이 당신의 노선이지만
당신의 최종 목표를 나는 안다

쇳소리

더러 가슴을 후벼 파기도 하지만 경쾌한,

눈에 밟히듯 따라다니는

저, 소리

꿈속에서도 오종종 늘 쇳소리를 내며 사랑한다 사랑한다 공명(共鳴)처럼, 사실 내 사랑은 한 번도 말이 되어 나오지 못했다

아침마다 이슬방울처럼 기도하듯 묻곤 했다 온전한 사랑 한 번 해봤으면 하고, 그런 날 밤이면 어김없이 반달이 뜨고 이른 출근길이면 쇳소리가 한 발 앞서 걸었다

굳이 들어보지 않아도 물어보지 않아도 안다

한 번도 놓아본 적 없는

정직한 일

비 오는 날은
비님 오시는 날은
비를 맞자

비 온다
호들갑 떨지 말고
그냥
비 맞자

비 맞는 이 단순한 일,
이 단순한 일에 무슨 이유가 있을까?
거짓이 있을까?
기계 같은 냉소가 있을까?
정치 같은 음모가 있을까?

비 맞는 이 단순한 일,
지금 내가 할 수 있는
가장 정직한 일

자리

지금 한창 용접하고 있는
정식이 자리는 만수 자리였다
성호 자리였다
이름이 잘 기억나지 않는
정씨 자리였다
박씨 자리였다
정식이를 대신할 또 누군가의 자리다
또 누군가를 대신할 누군가의 자리다
그 자리는 만수를 대신한 정식이 자리였다
성호를 대신한 만수 자리였다
이름이 잘 기억나지 않는
정씨를 대신한 성호 자리였다
박씨를 대신한 정씨 자리였다
또 누군가를 대신한 박씨 자리였다
지금 내가 그라인더를 하다
잠시 하늘을 쳐다보는 이 자리는
누구 자리였을까
또 누구의 자리가 될까

두리번거리며 모이를 쪼는
저 비둘기가 지나간 자리도
까치 두 마리 나란히 앉아
부리를 맞대는 안전표지판 위에도
방금 기차가 지나간 오후의 레일 위에도
구름도 바람도 들쥐도
망치소리가 지나간 자리도
누구의 자리였을까
누구의 자리가 될까
나는 아버지를 대신하고
아버지는 그 아버지를 대신하고
아들은 나를 대신하는
멈출래야 멈출 수 없는
자리 위에
바람이 지나간다
저 바람은
어느 바람에게 자리를 이어받아
어느 바람에게 자리를 이어줄까

목련꽃이 위험하다

찬바람 주렁주렁 매단 두툼한 작업복들 꿈틀 꿈틀거린다 한곳으로 집중된 느린 직선, 배식구는 아직도 멀었는데 배가 고프다 식당 창문 너머 목련꽃 한 무리 수줍은 듯 수줍은 듯 다소곳하지만 나는 배가 고파 눈으로 보고도 몸이 동하지 않는다

언제 목련꽃이 식당 안에 피었을까? 배식 줄 사이사이 파릇파릇한 여사원들 소곤거리는 소리에 두툼한 내 작업복이 갑자기 가벼워지고 배고픔도 잊은 채 몰래 창문 너머 목련꽃에 눈을 맞춘다

다소곳한 목련꽃과 파릇파릇한 여사원들 사이, 사이에 머문 내 시선은 오래도록 돌아올 줄 몰라 배고픔도 잠시 잊고서는 어디 한곳 눈 둘 곳 없는 점심시간

창문 너머 목련꽃과 나와의 거리만큼 단절, 배식 줄 사이사이 여사원들과 나와의 거리만큼 단절, 내 마음쯤이야 알 바 아니라는 듯 느릿느릿한 배식 줄, 배식 줄 사이사이

하늘하늘거리는 목련꽃들

오늘은 목련꽃이 위험하다

그리고, 2012년입니다

해가 져도 별은 뜨지 않았다

밥을 먹기 위해 밥을 굶는 저녁 오늘도 도장 공장 옥상으로 오른다

옥상에 오르는 일도 바리케이드를 치는 일도 몸뚱이를 굴려 밥을 구하는 일도 스스로 결정해본 적이 없었다

언제나 그랬다 밤낮 작업라인에 붙어 잔업과 특근을 조립했을 뿐 내일은 미래가 될 수 없었다

바위를 밀어 올리는 동안에는 어떤 해답도 찾을 수 없었던 시시포스처럼 조립라인에 몸을 맡기고 있는 동안에는 어떤 걱정도 할 이유가 없었다

정리해고에 만신창이가 되고부터 생각하게 되었다

내가 굴려 올린 바위가 굴러 내리는 이유에 대해 바리케

이드를 칠 수밖에 없었던 어제에 대해 굴러 내린 바위에 깔린 시간에 대해 그러나, 언젠가는 저 바리케이드가 치워지고 또, 바위를 밀어 올려야 한다는 것에 대해

온전하게 생각할 수 있는 시간마저 쉽게 주어지지 않는다는 것을 내가 만든 바리케이드에 내가 갇히면서 알게 되었지만 바위를 밀어 올리는 일을 내 스스로 그만둘 수가 없는

여기는 쌍용 평택 대한민국 2009년입니다

제4부

자정에

누군가 나처럼 베란다에 서서 이 짙은 어둠의 등짝을 사정없이 때리는 저 빗소리 듣고 있겠지, 그도 나처럼 지난 후회가 죽순처럼 솟아나 왈칵 눈물 맺힐까

수레바퀴

당신의 말을 알아들을 수 없다
당신은 내 말을 알아들을 수 없다고 한다
알아들을 수 없어도 가슴이 뜨거운 때가 있었다
눈빛이 반짝 빛났던 때가 있었다
수레바퀴가 구르기 시작하고부터
수레바퀴 속에
당신의 말과 내 말이 섞여
속도를 내기 시작하고부터
당신과 나 사이를
저 수레바퀴가 갈라놓았다고 하면
비약인지 모르지만
지금은 허공에다 물신의 기둥을 심는 시절
태초에 하느님이 언어로써 서로를 갈라놓았다고 했는데
하느님도 어쩌지 못하는
가슴이 차가운 물신의 시대가 되었다
당신의 말을 알아들을 필요가 없다
당신은 나의 말을 알아들을 필요가 없다
수레바퀴 소리만 요란하다

항구

어디서부터 시작된 것일까
항구는 기계들로 가득하다

먼 미지의 땅은 어디에도 없다
들뜬 가슴으로 파도를 넘었던
선조들은 돌아오지 않았다

지난밤에는 별들의 전송을 받으며
섬을 돌아가는 바람이
철컥철컥 기계소리를 내며
개척가를 불렀던
아침을 노래하고 있다

누군가 쓴 편지가
유리병 속에 고이 담겨 파도에 밀려와
백 년 전 아침을
낭랑하게 읽고 있다

장마 그리고 장마

비는 쉽게 내리지 않았다

장마전선이 머리 위에 머물러 있는 동안 발바닥은 일기예보에 따라 요동쳤다

양치기 소년이 되어버린 기상대는 늑대의 출현을 예고하지 못했고 마른장마가 진 장마보다 더 무섭다는 것을 나이가 들면서 알게 되었다

흐린 하늘에서 가끔 쏟아지는 햇살이 비의 빛깔을 닮았다가도 손바닥에 받아보면 먼지만 일었고

타들어가는 것은 풀만이 아니었다

노동자들이 머리띠를 매고 안전화 끈을 꽉꽉 조이는 것은 하등 장마와는 상관없는 일이지만 여전히 하늘은 웃지 않는 아버지를 닮았다

하물며 아버지의 눈물을 받아줄 수 있는 나이가 언제쯤인지 두렵기만 할 뿐 하루하루를 쉽게 건널 수 없는 것은 어떠한 이유로도 장마와는 별개의 일이다

장마와 장마 사이 그 사이만큼의 시간이 지나고 지난 뒤에야 알 수 있었다

비가 내리지 않아도 우산을 준비하지 않은 아침은 늘, 불안하다는 것을

사이에

아침 일 시작 전 이리저리 기계를 살피다 툭 어깨를 쳐 주자 기계도 따라 내 어깨를 툭 치고는 싱긋 웃는다 어디서 왔는지 햇살 한 줄기가 나와 기계 사이에 잠시 머물다 간 것을 아무도 눈치채지 못하는 아침이었다

고철 장에서

마지막 남은 목련꽃이 툭 떨어지자 비로소 나무는 세상에서 가장 편안한 자세가 된다

밥과 망치

어릴 적 아버지는 쌀을 만들고
엄마가 밥을 짓는 것이 마술인 줄 알았다

밥은 피라는 은유적 해석이
내 마음을 사로잡던 한때
실재(實在)와 마술 사이는
그리 멀어 보이지 않았다

밥 한 숟가락이
목구멍으로 넘어가는, 그, 순간
밥은 마술이 아니라
실재라는 것을 몸으로 알고부터
내 은유적 해석은 점점 빛났다

근육이 팽팽해지는
땀방울에 대한 시적 의미를
망치 한 번 내려치면서 부정했다면
나는 진짜 노동자가 되지 못했을 것이다

망치가 마술이 아니라
실재라는 것은
망치에 손가락이 깨져보면 안다
깨진 손가락에서 밥알이 튀어나오고
가족들의 아침이 얼마나 우울한지

그러나, 실재가 된 망치를
가만히 쓰다듬어보라
밥은 피라는 은유적 해석이
또, 다시, 망치를 들게 만든다는 것을
알 수 있을지 모르니

한낮 야외작업장에서의 안부

소금기 먹은 바람의 무게, 살짝 닿기만 해도 부서져 나뒹구는 햇살의 상처들, 처진 어깨 그 안쓰러움 위에 내려앉는 어둠의 이빨들, 바람도 어둠의 이빨도 낭자한 햇살에게도 나는 차마 물어볼 수 없었네

어이! 자네는 괜찮은감?

따뜻하다

꽁꽁 언 손을
호주머니에 찔러 넣고는
가슴이 차갑기로 소문난
프레스를 가만히 바라보았다

바라보면 볼수록,
시퍼렇게 다가와

호주머니에 찔러 넣은 손을 빼어서
프레스 입속에 쓰윽 넣어 보았다

보기보다 따뜻했다

그해 여름

— 영도 조선소 85호 크레인

아버지가 칠십 평생 목을 매고 있다 그 옆에서 어머니가 목이 빠져라 아버지를 쳐다보고 있다 오뉴월 땡볕이 한 발이나 더 긴 것은 아버지 때문이다 길게 목 놓아 우는 뱃고동도 다 이유가 있듯, 그냥 지나치는 바람이 없다 가끔 비를 뿌리는 구름의 마음도 매한가지다 아버지만 쳐다보며 자란 내 목도 어느덧 아버지만큼 목을 매고 있다 아버지의 목이 길게 늘어질수록 하루치 쌀독은 비기만 했고, 목 없는 긴 행렬이 또 그만큼 늘어났다 긴 기차가 목이 빠져라 기적을 울려도 쉽게 기차에서 내리는 사람이 없듯, 우리 식구 누구도 쉽게 아버지 목을 놓을 수 없었다 그러나 늘 누군가 기차에서 떠났다 몇 번에 걸쳐 달리는 기차를 세우고자 했으나 번번이 실패했다 실패한 이유를 잘 알지만 그리 쉽게 기적은 일어나지 않았다 그해 여름이 오기 전까지는, 일 년 중 삼백 일이 넘도록 공동묘지처럼 몸뚱이 없는 목들이 주렁주렁 칠월의 포도송이처럼 매달려 탱글탱글 익기 전까지는, 그해 여름을 넘기는 동안 꽃 한 송이 피울 수 있겠다는 꽃 같은 생각을 했다 녹슨 크레인이 핏빛 꽃으로 피어나기 시작한 것은 우연이 아니었다 핏빛 꽃은 그렇게 피어 시들지 않았다 피를 먹고 자란 나무 한 그루를 보기 위해 아이들 손을 잡고 소풍가듯 사람들이 왔다 갔다 그날 이후 먹구름이 몰려오고 비바람이 불어도 꽃은 시들지 않았다 그해 여름이었다 아직 태어나지 않은 내 아이의 가슴에 꽃 한 송이를 꽂아줄 수 있었다

사슬

설계사는 매일 아침 설계대 앞에서 자신의 미래를 그리고 지우기를 몇 번이나 할까 절단사는 철판을 자르고 자르다 보면 자신의 발밑을 스스로 자를지 모른다는 불안한 생각을 해보았을까 제관사는 도면을 펼쳐놓고 치수를 재고 먹줄을 놓으며 무슨 꿈을 꿀까 용접사는 자신이 아무리 용접을 해도 붙일 수 없는 것이 있다는 사실을 알고 있을까 안전관리자는 언제나 불안전 요소 앞에서 완벽한 안전을 꿈꿀까 그라인더공은 그라인더를 들고 쇠를 갈아내는 동안 무슨 생각을 할까 조립공은 제품을 조립하며 자신과 가족들의 단란한 삶을 단 한 번이라도 조립해야겠다고 다짐할까 페인트공은 화려하게 페인트칠을 해도 제 자신이 걸어온 어두운 길만은 밝게 칠할 수 없다는 것을 알고 있을까 포장공은 하나하나 포장되어 완성되는 제품처럼 자신의 삶의 목표도 하나씩 포장하고 있을까 정문 경비아저씨는 누군가 자신을 위해 단 한 번이라도 경비를 서줄 수 있을지 모른다는 생각을 해본 적 있을까 청소부는 무엇이든 깨끗하게 만들고 싶겠지만 깨끗이 청소할 수 없는 일들이 있다는 것을 알까 설계사는 절단사를 절단사는 제관사를 제관사는 용접사를 용접사는 안전관리자를 안전관리자는 그라인더공을 그라인더공은 조립공을 조립공은 페인트공을 페인트공은 포장공을 포장공은 경비를 경비는 청소부를 청소부는 설계사를…… 사슬은 끊어내는 것일까 이어붙이는 것일까

실체

햇볕이 따갑다
별빛이 푸근하다

햇볕은 용접봉도 녹인다
녹은 용접봉이 식을 때쯤이면
내 하루의 노동이 끝난다

별은 빛이 있어도 열이 없다
그래서 사람들은 별을 가슴에 품는다
별을 한 아름 안고 잠들어도
몸 어느 한곳 데이지 않는다

그래서 별은 이상이다
실체가 아니다

별빛으로는 용접봉을 녹일 수 없다
그래서 별빛이 사라지는 즈음에
내 하루의 노동은 시작된다

햇볕이 따갑다가
별빛이 빛나다가 하는 사이
그 사이만큼이 노동의 실체다

노동의 실체는
월급날에야 반짝 모습을 드러내고는
흔적도 없이 사라진다

빈둥거리다

빈둥거리다

빈둥거린다고 눈총에 말총까지 조준하며 아버지는 언성을 높이셨다

저거 오데 써먹겠노 쇠말뚝이나 되겠나 하셨던 아버지는 칠십 평생 쇠말뚝으로 사셨다

옆 눈 한번 준 적 없으니 코뚜레에 매인 소처럼 빙그르르 돌아도 제자리

아버지 말씀처럼 나이 마흔이 넘어도 소 한 마리 잡고 원을 그릴 수 있는 쇠말뚝도 되지 못해 빈둥거리고 있다

빈둥거리면서도 삼시 세끼 밥 잘 챙기고 꼬박꼬박 날아드는 세금 잘도 내고 있다

빈둥거리는 것도 일이라는 것을 점차 알아가는 중이니

까 밥값은 하는 것이라고 민주국가 국민으로 살자면 세금은 당연지사라고 큰소리치며, 입은 죽지 않는다는 명언까지 만들었다

뿌듯하다

뿌듯한 마음으로 횅하니 한 바퀴 돌고나니 제자리다

아버지 말씀처럼 쇠말뚝도 못 되고 쇠말뚝에 얌전하게 매인 소도 못 되니 살아가는 지혜가 필요하다

마당에 까치 한 마리 빈둥거리고 있다 옆집 마당에 비둘기 한 마리 빈둥거리고 있다

빈둥거리는 것도 연대가 필요하다

CCTV

한 노동자가 장갑을 끼고 있다

장갑을 끼고 있는 한 노동자 옆에 한 노동자가 보안경을 쓰고 있다

보안경을 쓰고 있는 한 노동자 옆에 한 노동자가 마스크를 쓰고 있다

마스크를 쓰고 있는 한 노동자 옆에 한 노동자가 귀마개를 돌돌 말아 귓구멍에 넣고 있다

귀마개를 돌돌 말아 귓구멍에 넣고 있는 한 노동자 옆에서 한 노동자가 열심히 작업지시를 하고 있다

장갑에 보안경에 마스크에 귀마개를 하고 작업지시를 하는 한 노동자를 CCTV가 내려다보고 있다

CCTV 위에 앉아 있던 비둘기 한 마리가 똥을 찌익 갈기

고 날아가자 일 시작 종소리가 지뢰처럼 터진다

한 노동자와 한 노동자 그리고 한 노동자와 한 노동자가 공장건물 안으로 사라진 자리에 한 노동자가 남아

장갑을 끼고 있다 보안경을 쓰고 있다 마스크를 쓰고 있다 귀마개를 하고 있다 작업지시를 하고 있다 CCTV가 보고 있다

비둘기가 찌익 똥을 갈기고 있다

외로운 시

사랑시는
사랑이라고 쓰지 않아도
사랑시가 된다
자연은 자연을 이야기하지 않아도
자연스럽게 다가온다
유독 노동시만이
노동을 이야기하지 않으면
노동시가 아니다

노동시라고 이름 붙여진
내 시를
노동자는 읽지 않는다
노동자가 읽지 않는 노동시를
노동시라고 박박 우기는 평론가들 앞에서
나는 노동시에 대해 생각한다

사랑이라고 쓰지 않고도
사랑시가 되는 것은

해설

실재의 수사

장성규 문학평론가

1

아리스토텔레스 이래, 시를 둘러싼 논의의 핵심은 수사로 모아진다. 이는 아리스토텔레스의 전제, 언어는 실재를 모방하여 재현한다는 가설에 기인한다. 즉, 시는 언어를 매개로 하여 실재를 모방하는 양식이기 때문에, 실재 '자체'를 변형하여 표현한다는 관점이 수사의 필요성을 낳은 셈이다. 실재 자체를 언어로 표현하는 것은 불가능하며, 따라서 수사를 통해 실재에 보다 근접한 모방을 형상화하는 것이 시의 핵심적인 과제로 부과된 것이다.

이러한 관점은 이후 여러 방향에서 비판되지만, 적어도 수사의 중요성을 간과한 미학적 논의는 존재하지 않았다.

시는 실재를 표면적으로 모방하는 것이 아니라 실재의 가장 중심에 속하는 속성을 부각시켜 표현해야 한다는 관점이나, 실재를 지칭하는 과정에서 일상적 인식을 전복하기 위해 언어를 낯설게 만들어 형상화해야 한다는 관점, 혹은 실재 자체를 회의하기 위한 방법론적 도구로서 언어가 활용되어야 한다는 관점 등이 모두 그러하다. 이러한 관점들은 모두 다른 방향에서 시와 언어의 관계를 논하지만, 공통적으로 이 과정에서 수사의 중요성을 강조하는 경향을 지닌다. 예컨대 실재의 다양한 속성 중 중심적인 것을 부각시켜 표현하기 위해서는 은유가 사용되며, 기표의 자율성을 부각시켜 표현하기 위해서는 환유가 활용된다. 비단 이뿐 아니라 다양한 수사법들은 종국에는 시적 언어가 실재와 맺는 관계에 대한 사유로 수렴된다.

그런데 여기에는 한 가지 공리가 설정되어 있다. 즉, 실재는 스스로 드러내지 않으며, 따라서 특정한 수사를 통해서만 우리는 실재와 만날 수 있다는 것이다. 이러한 공리는 시가 언어를 매개로 실재를 모방한다는 서구 형이상학의 전통과 맞닿아 있다. 그러니까 시와 언어, 실재 사이에는 두 겹의 간극이 존재하는 셈이다. 언어는 실재를 매개하며, 시는 다시 언어를 수사법을 통해 매개한다. 이 두 겹의 관계가 결국 이토록 다양한 수사법을 만들어낸 셈이다.

표성배의 시집에 대해 논하는 자리에서, 굳이 수사법에

대해 길게 서술하는 것은 그의 시가 현재 한국 시에서 일반화된 수사와는 다른 수사를 보여주기 때문이다. 그는 두 겹의 간극을 '잘 빚어진 항아리'의 언어를 통해 에두르지 않는다. 오히려 실재, 그 자체와 시적 언어를 일체화하려는 의지가 그의 시를 추동하는 힘이다. 이를 실재의 수사라고 명명할 수도 있을 것이다.

2

기실 시적 주체와 대상 간의 동일성에 전제한 은유나, 역으로 둘 간의 차연에 주목하는 환유는 공통적으로 실재와 언어, 그리고 시 간의 간극을 전제로 한다. 이 둘은 시적 주체와 대상 간의 '거리'를 통해 구별될 뿐이다. 그런데 만약 우리가, 일정한 순간 노동을 통해 실재 그 자체에 육박하는 에피파니를 수행할 수 있다면?

어릴 적 아버지는 쌀을 만들고
엄마가 밥을 짓는 것이 마술인 줄 알았다

밥은 피라는 은유적 해석이
내 마음을 사로잡던 한때
실재(實在)와 마술 사이는

그리 멀어 보이지 않았다

밥 한 숟가락이
목구멍으로 넘어가는, 그, 순간
밥은 마술이 아니라
실재라는 것을 몸으로 알고부터
내 은유적 해석은 점점 빛났다

근육이 팽팽해지는
땀방울에 대한 시적 의미를
망치 한 번 내려치면서 부정했다면
나는 진짜 노동자가 되지 못했을 것이다

망치가 마술이 아니라
실재라는 것은
망치에 손가락이 깨져보면 안다
깨진 손가락에서 밥알이 튀어나오고
가족들의 아침이 얼마나 우울한지

그러나, 실재가 된 망치를
가만히 쓰다듬어보라
밥은 피라는 은유적 해석이

또, 다시, 망치를 들게 만든다는 것을

알 수 있을지 모르니

—「밥과 망치」 전문

시적 언어를 통해 우리가 먹는 "밥"은 노동력의 교환가치로의 전환을 통해 비로소 획득가능한 "피"에 다름 아니라는 사실이 증언될 수 있다. "밥은 피"라는 실재는 '밥'과 '피' 사이에 놓인 모종의 공통성을 통해 은유의 수사로 표현된다. 이를 통해 비로소 일상에서 접하는 '밥'을 둘러싼 치열한 투쟁이 '피'의 형식을 빌려 재현된다. 이러한 수사는 실재의 본질을 인식하게 해준다는 면에서 "마술"과도 같다. "마술"과도 같은 수사는 복잡하게 엉켜 있는 실재의 모순을 명징한 언어로 드러낸다는 점에서 그 의미를 지닌다.

그러나 표성배는 여기서 멈추지 않는다. 그는 "마술"을 경유하지 않은 채 곧바로 "밥"이라는 실재에 육박하고자 한다. 교환가치에 대한 인식 이전에, "밥 한 숟가락이/목구멍으로 넘어가는, 그, 순간" 획득되는 실재의 수사가 이를 가능하게 한다. 이는 "땀방울"을 통해 "노동"을 인식하기 이전에, "망치에 손가락이 깨져"본 실재의 체험이 존재하기에 가능한 수사이다. "깨진 손가락에서 밥알이 튀어나"온다는 진술은 실재와 언어, 수사 간의 간극 자체를 붕괴시킨다. 이미 어떠한 수사보다도 현실의 삶이 더욱 강

력하게 실재와의 대면을 추동하고 있기 때문이다. 여기에 간극을 전제로 한 시적 언어와 수사가 낄 틈이 없는 것은 필연적이다.

위의 시에서 실재의 수사는 단순히 실재의 본질을 환기시키거나, 혹은 기표의 자율적 의미를 재인식하기 위한 수단이 아니다. 오히려 "또, 다시, 망치를 들게 만"드는, 그리하여 다시 실재와 대면하도록 강요하는 노동의 일환이다. "밥은 피라는 은유"는 실재의 수사를 통해 언어와 시의 층위를 넘어, 노동의 영역으로 확장된다. 그러니 표성배는 시인이자 노동자인 것이 아니라, 곧 시인=노동자라는 진술이 가능할 것이다.

사랑시는
사랑이라고 쓰지 않아도
사랑시가 된다
자연은 자연을 이야기하지 않아도
자연스럽게 다가온다
유독 노동시만이
노동을 이야기하지 않으면
노동시가 아니다

노동시라고 이름 붙여진

내 시를
노동자는 읽지 않는다
노동자가 읽지 않는 노동시를
노동시라고 박박 우기는 평론가들 앞에서
나는 노동시에 대해 생각한다

사랑이라고 쓰지 않고도
사랑시가 되는 것은
사람의 가슴속에 사랑이
자연스럽게 받아들여지기 때문이다
노동시가 노동자의 가슴속에
사랑처럼 가만히 녹아들지 않는 것은
노동이 노동자로부터도
외면받기 때문이다

자연이 누구에게나
포근하게 다가오는 것과 같이
노동이 내 가슴을 끓게 만든 사랑처럼
뜨겁게 살아 요동칠 때
그때쯤 되어서야
노동시가 읽히게 될지 모른다

—「외로운 시」 전문

따라서 굳이 노동을 다룬 시를 "노동시"라고 명명할 필요가 없을는지도 모른다. "사랑"이나 "자연"이 우리의 삶을 구성하는 자연스러운 실재인 것처럼, "노동" 역시 별다른 특수한 개념이 아니라 바로 지금-여기에서 수행되는 지극히 일상적인 실재이기 때문이다. 문제는 이를 고립된 무언가로 추상화시켜 두 겹의 간극을 반복재생산하는 인식의 메커니즘이다. 따라서 "노동시"가 별다른 수사를 필요로 하지 않는, 그 자체로 "뜨겁게 살아 요동"치는 삶의 발화 형식임을 인식하는 그에게, 실재의 수사는 필연적인 것일는지도 모른다. 다양한 수사들이 시적 대상과 주체간의 간극을 전제로 하는 것에 반해, 적어도 그에게 노동을 둘러싼 대상과 주체와의 간극은 이미 소거되었기 때문이다. 아니, 오히려 실재의 수사를 통해 자신의 노동을 수행하는 것이 그에게는 바로 노동일 것이다. 이러한 맥락에서 그의 시에 빈번히 등장하는 '기계'의 발화는 주목된다.

종일 웅크린 채 비를 맞고 있다
비 맞는 기계
봄비에 움트는 새순의 뿌리처럼
기다리던 비가 내려도
꿈쩍하지 않는 기계
점점 체력이 다해

체온이 식어가는 몸은
봄비도 어쩌지 못하는가
깨어나라 깨어나라 아득한
가슴을 울리는 소리
일으켜 세울 수 없는 꺾어진 무릎
천근같은 눈꺼풀
계속 비는 내리고
비가 내려도 땅속으로
스며들지 못하는 빗물
완강하게 저항하는
시멘트 바닥 같은 견고한 시간
지난 시간 앞에서는
이 봄비도 어쩌지 못하는가
온몸을 파고드는 빗물
뼈 마디마디가 툭툭 불거져 나온
아버지처럼 쪼그리고 앉아
비 맞는 기계
여기저기 벌겋게 녹슬 것 같은
내 몸

—「어쩌지 못한다」 전문

위의 시에서 분명 "종일 웅크린 채 비를 맞"고 있는 것은 "기계"이다. 그런데 시의 마지막 부분에서 반전이 일어난다. "비를 맞"는 것은 "기계"임에도 불구하고, 정작 "여기저기 벌겋게 녹슬 것 같은" 것은 다름 아닌 "내 몸"이라는 진술 때문이다. 이러한 표현이 가능한 것은 '기계'와 '내 몸' 사이에 유사성을 발견했기 때문일 것이다. 이는 수사의 측면에서는 주로 은유적 표현을 통해 발화 가능하다. 당연히 이때 중심은 시적 주체일 것이다. 정확히 말하자면 "비 맞는 기계"를 통해 "내 몸"을 둘러싼 삶과 노동의 조건을 표현하기 위한 수사로써 일종의 은유가 성립된 셈이다. 그런데 표성배는 역으로 "내 몸"이 아닌 "비 맞는 기계"의 발화를 진술하는 영역으로 진입한다.

예리하다
날카롭다
시퍼렇다
겁난다 이런 이름을
온몸에 지니고 태어났지만
더 날카롭고
더 반짝이기를 원했습니다
벼르고 벼르지 않으면
온몸 구석구석
촉수를 곤두세우지 않으면

하루도 쉽게 건널 수가 없었습니다
천천히 걷고
천천히 생각하고
천천히 숨쉬며
천천히 그대에게 가고 싶은 마음은
정작 마음일 뿐
벼르고 별러도
더는 날카로워지지도
반짝이지도 않을 때
내 이름은 무거운 짐이 되었습니다
닳고 닳아 깨어져
쓸모없는 몸뚱이로 나뒹굴 때에야
겨우 느끼게 되는가 봅니다
혹,
당신에게도
그런 때가 있었는지요

—「바이트」 전문

위 시의 발화 주체는 다름 아닌 "금속을 자르거나 깎을 때 선반 따위의 공작 기계에 붙여 쓰는 날이 달린 공구"인 "바이트"이다. 그러니까 시적 주체에 의해 해석된 '대상'으로서의 기계가 아닌, 스스로 시적 주체로 육박하는 기계의 발화가 전면화되는 셈이다. 시적 주체로 육박한 "바이트"는, 역으로 인간에게 "혹/당신에게도/그런 때가 있었는지요"라는 질문을 수행한다. 그리하여 실재를 모방하고 재현하는 매개로서의 언어와 이의 예술적 형상화 규범으로서의 시 사이에 개입하는 수사는 모종의 전도를 맞는다. 역으로 실재가 인간을 대상으로 하여 자신의 발화를 수행하는 이 지점에서, 기존의 수사는 그 의미를 상실한다. 수사가 실재를 모방하고 재현하는 기제라면, 실재가 직접 시적 주체로 육박하여 발화하는 시적 에피파니의 순간, 수사는 그 유효성을 상실하기 때문이다. 어쩌면 실재와 시적 주체의 위치가 전도되는 순간, 표성배의 시가 보여주는 독특한 실재의 수사가 발생 가능한 것일는지도 모른다.

3

수사가 불필요한 순간이 있다. 우리가 추상적 심급에서 사유하는 실재가 스스로 모습을 드러내는 순간, 실재를 모방하고 재현하기 위한 모든 언어와 수사는 그 필요성을 상실한다. 노동이 인간 주체와 실재 간의 관계 맺음을 추동하는 실천적인 행위라면, 진정한 의미의 노동시에서 번잡한 수사는 불필요한 일일는지도 모른다. 마치 자연이,

그리고 사랑이 특별한 수사 없이 우리에게 구체적인 실재로 다가오듯이 말이다. 그러니, 표성배의 다음과 같은 시는 실재의 수사를 보여주는 각별한 사례로 기록될 필요가 있을 것이다. 언제나 이데아의 세계는 구체적인 실재의 현현 앞에서 무력한 운명이기 때문이다. 그 현현의 "반짝"이는 "사이"를 포착하는데 과연 어떠한 수사가 필요하단 말인가? 이미 그 자체로 실재인 것을 대면하는 순간, 굳이 왜 번잡스런 수사가 필요하단 말인가? 실재를 대면하기 위한 프락시스로서의 노동, 그 자체가 시를 쓰는 행위인 이에게 실재의 수사 외에 더 필요한 수사가 있을 것인가? 아니, 노동과 시를 구별하는 관습 자체가 굳이 적용될 필요가 있을 것인가? 곰곰이 생각해볼 일이다.

햇볕이 따갑다
별빛이 푸근하다

햇볕은 용접봉도 녹인다
녹은 용접봉이 식을 때쯤이면
내 하루의 노동이 끝난다

별은 빛이 있어도 열이 없다
그래서 사람들은 별을 가슴에 품는다

별을 한 아름 안고 잠들어도
몸 어느 한곳 데이지 않는다

그래서 별은 이상이다
실체가 아니다

별빛으로는 용접봉을 녹일 수 없다
그래서 별빛이 사라지는 즈음에
내 하루의 노동은 시작된다

햇볕이 따갑다가
별빛이 빛나다가 하는 사이
그 사이만큼이 노동의 실체다

노동의 실체는
월급날에야 반짝 모습을 드러내고는
흔적도 없이 사라진다

—「실체」 전문

문학의전당 시인선 153

기계라도 따뜻하게

© 표성배

초판 1쇄 인쇄 2013년 4월 29일
초판 1쇄 발행 2013년 5월 6일
지은이 표성배
펴낸이 김석봉
책임편집 이현호
디자인 조동욱
펴낸곳 문학의전당
출판등록 제311-2012-000043호
주소 서울시 은평구 연서로11길 7-5 401호
편집실 서울시 마포구 공덕2동 404 풍림VIP빌딩 413호
전화 02-852-1977
팩스 02-852-1978
블로그 http://blog.naver.com/mhjd2003
전자우편 sbpoem@naver.com

ISBN 978-89-98096-27-4 03810

* 이 시집은 경남문화재단으로부터 제작비 일부를 지원받아 제작되었습니다.